ELOGIO
DE
SÓCRATES

ALPHA, BET & GIMMEL
40

PIERRE HADOT

ELOGIO DE SÓCRATES

Traducción de Javier Guerrero Gimeno

ALPHA DECAY

Es muy difícil, tal vez imposible, saber quién fue el Sócrates histórico, pese a que los hechos que marcaron su vida están bien documentados. Los testimonios sobre este particular que nos han dejado contemporáneos suyos como Platón, Jenofonte o Aristófanes, han transformado, idealizado o deformado los rasgos del Sócrates que vivió en Atenas a finales del siglo V a. e. c.[1] ¿Lograremos alguna vez recuperar y reconstituir lo que fue en realidad? Me atrevería a decir que, en cierto modo, ¡qué importa! Y es que es esta figura ideal, la que dibujó Platón en el *Banquete*, la que percibieron esos dos grandes socráticos que fueron Kierkegaard[2] y

1. Sobre este problema del Sócrates histórico, cf. O. Gigon: *Sokrates, sein Bild in Dichtung und Geschichte*, Berna, Francke, 1945; A. Patzer (ed.): *Der historische Sokrates*, Darmstadt, 1987. Señalemos, entre una bibliografía inmensa, dos breves pero deliciosas introducciones a Sócrates: A. J. Festugière: *Socrate*, París, Flammarion, 1934 [versión en castellano: *Sócrates*, Salamanca, San Esteban, 2006] y M. Sauvage: *Socrate et la conscience de l'homme*, París, Seuil, 1970 [versión en castellano: *Sócrates y la conciencia del hombre*, Madrid, Aguilar, 1963[2]].

2. Sobre Kierkegaard y Sócrates, cf. J. Himmelstrup: *Sören Kierkegaards Sokrates-Auffassung*, Neumünster, K. Wachholz, 1937; J. Wild: «Kierkegaard and Classic Philology», *Philosophical Review*, 49 (1940), 536-537; J. Wahl: *Études kierkegaardiennes*, París, F. Aubier, 1938; E. Pivcevic: *Ironie als Daseinsform bei Sören Kierkegaard*, Gütersloh, Mohn, 1960; T. Bohlin: *Sören Kierkegaard, L'homme et l'œuvre*, Bozoges en Pareds (Vendée), 1941.

Nietzsche,[3] la que ha ejercido un papel fundacional en nuestra tradición occidental, e incluso en el nacimiento del pensamiento contemporáneo.

3. Sobre Nietzsche y Sócrates, cf. E. Bertram: *Nietzsche. Versuch einer Mithologie*, Bonn, 1985[9]; H. Hasse: *Das Problem des Sokrates bei F. Nietzsche*, Leipzig, 1918; K. Hildebrandt: *Nietzsches Wettkampf mit Sokrates und Platon*, Dresde, 1922; E. Sandvoss: *Sokrates und Nietzsche*, Leiden, 1966; H. J. Schmidt: *Nietzsche und Sokrates*, Meisenheim, 1969. Sobre el conjunto del vasto fenómeno que muestra el alcance de la figura de Sócrates en Occidente, encontramos una práctica compilación de textos en H. Spiegelberg (comp.): *The Socratic Enigma*, Indianápolis, 1964 y, en lo que respecta a los siglos XVIII y XIX, podemos recurrir a B. Böhm: *Sokrates im achtzehnten Jahrhundert. Studien zum Werdegang des modernen Persönlichkeitsbewusstseins*, Leipzig, 1929 y a H.-G. Seebeck: *Das Sokratesbild vom 19. Jahrhundert*, Gotinga, 1947.

I. SILENO

Por lo general, hacer el elogio de una persona consiste en enumerar cualidades todas ellas admirables, en hacer aparecer una figura armoniosa, que alcanza la perfección en todos los ámbitos. Sin embargo, no es el caso cuando se trata de Sócrates, aunque sea el Sócrates idealizado, creado por Platón y Jenofonte. Al contrario, ésa es la paradoja socrática, la figura de Sócrates se nos aparece de inmediato como desconcertante, ambigua, inquietante. El primer impacto que nos depara es esa fealdad física de la que dan testimonio Platón, Jenofonte y Aristófanes.[1] «Es significativo –escribe Nietzsche–, que Sócrates fuera el primer griego ilustre feo»;[2] «Todo en él es excesivo, bufón, caricaturesco...»[3] Y Nietzsche evoca «sus ojos de cangrejo, su boca carnosa, su barriga»[4] y se complace en

1. Platón: *Banquete*, 215 b-c; Jenofonte: *Banquete*, IV, 19 y V, 7; Aristófanes: *Las nubes*, 362 (oblicuidad de las miradas), compárese con Platón: *Fedón*, 117 b.

2. F. Nietzsche: «Socrate et la tragedie», en *La Naissance de la tragédie*, París, NRF, Idées, 1949, p. 213. [Versión en castellano: *El nacimiento de la tragedia*, Madrid, Tecnos, 2023.]

3. ídem: *Le Crépuscule des idoles. Le Probleme de Socrate*, 3-4, en *Œuvres philosophiques complètes: Le Cas Wagner, Crépuscule des idoles...*, § 4, París, NRF, 1974, p. 71. En todas las notas siguientes, la referencia a esta edición de las obras completas en francés de Nietzsche se señalará simplemente como «ed. NRF»). [Versión en castellano: *El crepúsculo de los ídolos*, Madrid, Tecnos, 2022; véase también F. Nietzsche: *Obras completas*, 4 vols., Madrid, Tecnos, 2011-2016.]

4. ídem: «Socrate et la tragédie», op. cit., p.212.

contar que el fisonomista Zópiro había dicho a Sócrates que era un monstruo y que escondía en él los peores vicios y los peores apetitos, a lo cual Sócrates se habría limitado a responder: «Qué bien me conoces».[5] El Sócrates del *Banquete* de Platón parece un sileno,[6] lo que puede conducir a tales sospechas. Silenos y sátiros eran popularmente representados como demonios híbridos, mitad animales, mitad humanos, que formaban el cortejo de Dioniso. Descarados, bufones, lascivos, constituían el coro de los dramas satíricos, género literario del cual *El Cíclope* de Eurípides sigue siendo uno de los raros testimonios. Los silenos representan el ser puramente natural, la negación de la cultura y de la civilización, la bufonería grotesca, la licencia de los instintos.[7] Kierkegaard dirá: Sócrates era un duende.[8]

Es cierto que esta figura de sileno no es más que una apariencia, tal y como nos da a entender Platón, una apa-

5. F. Nietzsche: *Le Crépuscule des idoles. Le Problème de Socrate*, op. cit., cap. 3 (ed. NRF, t. VIII, p. 71). Sobre esta historia, cf. Cicerón: *De fato*, V, 10, y *Disputaciones tusculanas*, 10, 37, 80; y Alejandro de Afrodisias: *De fato*, Berlín, Bruns, p. 171, 11. Según Zópiro, Sócrates habría sido estúpido y corto de entendederas porque no se le marcaban las clavículas. Esta representación se encuentra tal vez en la descripción que hace C. G. Carus del «tipo inculto» en *Symbolik der menschlichen Gestalt*, 1859 (reed. Hildesheim-Darmstadt, 1962), p. 266.

6. Cf. n. 1, p. 9.

7. El propio Nietzsche insiste mucho en *El nacimiento de la tragedia*, cap. 8, en la alianza de la sabiduría y del instinto primitivo en la figura de silenos y sátiros. Es un tema al que hay que comparar los comentarios de C. G. Jung sobre la alianza de la sabiduría y de la bufonería en el ser en la naturaleza de elfo (C. G. Jung: *Von den Wurzeln des Bewusstseins*, Zúrich, 1954, p. 42). Cf. nota siguiente.

8. S. Kierkegaard: *Le Concept d'ironie*, en *Œuvres complètes* (en adelante OC), París, Editions de l'Orante, t. II, p. 11.

riencia que oculta otra cosa. En el famoso elogio de Sócrates, al final del *Banquete*,[9] Alcibíades compara a Sócrates con esos silenos que, en las tiendas de los escultores, sirven de cofres que contienen figuritas de dioses. Así pues, el aspecto exterior de Sócrates, esa apariencia casi monstruosa, fea, bufona, impúdica, no es más que una fachada y una máscara.

Esto nos conduce a una nueva paradoja: después de la fealdad, el disimulo. Como dice Nietzsche: «Todo en él es disimulado, retorcido, furtivo».[10] Sócrates se enmascara y sirve de máscara a otros.

Sócrates se enmascara a sí mismo: es la famosa ironía socrática, de la cual todavía hemos de desentrañar el significado. Sócrates finge ignorancia y descaro: «Pasa el tiempo haciéndose el ingenuo y el niño con la gente»,[11] dice Alcibíades. «Las palabras, las frases que forman el envoltorio exterior de sus discursos parecen la piel de un sátiro impúdico.»[12] Sus atenciones amorosas, su aspecto ignorante, «son las apariencias con las que se envuelve, como el sileno esculpido».[13] Sócrates consiguió un éxito tan rotundo en esta simulación que quedó definitivamente enmascarado para la historia. No escribió nada, se contentó con dialogar, y todos los testimonios que poseemos sobre él nos lo esconden más que nos lo revelan, precisamente porque Sócrates siempre ha servido de máscara a aquellos que han hablado de él.

Puesto que también él estaba enmascarado, Sócrates se convirtió en el *prosopon*, la máscara, de personalidades

9. Platón: *Banquete*, 215 b

10. F. Nietzsche: *Le Crépuscule des idoles. Le Problème de Socrate*, op. cit., cap. 4 (ed. NRF, t. VIII, p. 71).

11. Platón: *Banquete*, 216 e.

12. Ibídem, 221 e.

13. Ibídem, 216 e.

que tenían necesidad de resguardarse tras él. Les dio tanto la idea de enmascararse como la de tomar por máscara la ironía socrática. Hay en ello un fenómeno extremadamente complejo por sus implicaciones literarias, pedagógicas y psicológicas.

El núcleo original de este fenómeno es la ironía del propio Sócrates. Eterno interrogador, Sócrates dirigía a sus interlocutores mediante preguntas hábiles para que reconocieran su ignorancia. Los desconcertaba hasta terminar por conducirlos a cuestionarse toda su vida. Después de la muerte de Sócrates, el recuerdo de esas conversaciones inspiró un género literario, los *logoi sokratikoi*, que imita las discusiones orales que Sócrates había mantenido con los interlocutores más variados. En estos *logoi sokratikoi*, Sócrates se convierte en un *prosopon*, es decir, un interlocutor, un personaje, una máscara, si recordamos qué es el *prosopon* del teatro. El diálogo socrático, especialmente en la forma sutil y refinada que le dio Platón, tiende a provocar en el lector un efecto análogo a lo que en su día provocaban los discursos de Sócrates. El lector se encuentra también en la situación del interlocutor de Sócrates, porque no sabe adónde lo llevarán las preguntas del filósofo. La máscara, el *prosopon*, de Sócrates, desconcertante y escurridiza, arroja el problema en el alma del lector y conduce a ésta a una toma de conciencia que puede llegar hasta la conversión filosófica. Como bien señaló K. Gaiser,[14] se invita al lector a refugiarse detrás de la máscara socrática. En casi todos los diálogos socráticos de Platón se produce un momento de crisis en el que el desaliento se apodera de los interlocutores. Ya no tienen confianza en la posibilidad de continuar la discusión, el diálogo corre el riesgo de romperse. Entonces interviene

14. K, Gaiser: *Protreptik und Paränese bei Platon. Untersuchungen zur Form des platonischen Dialogs*, Stuttgart, 1959, pp. 26, 149 ss. y 197.

Sócrates: asume la responsabilidad, la duda, la angustia de los otros, los riesgos de la aventura dialéctica; revierte así los papeles. Si hay un fracaso, será su problema. Presenta así a los interlocutores una proyección del propio yo de cada uno; los interlocutores pueden de este modo transferir a Sócrates su problema personal y encontrar la confianza en la búsqueda dialéctica, en el *logos* mismo.

Añadamos que, en los *Diálogos* platónicos, Sócrates sirve de máscara a Platón, de «semiótica»,[15] dirá Nietzsche. Como bien señaló P. Friedländer,[16] aunque el «yo» había hecho su aparición desde hacía mucho tiempo en la literatura griega (con Hesíodo, Jenófanes, Parménides, Empédocles, los sofistas o el propio Jenofonte, que no se habían privado de hablar en primera persona), Platón, en sus *Diálogos*, se oculta por completo detrás de Sócrates y evita sistemáticamente el uso de la primera persona. Vemos ahí una relación extremadamente sutil de la cual no podemos comprender perfectamente todo el significado. Como K. Gaiser y H. J. Krämer,[17] ¿hay que suponer que Platón distinguía cuidadosamente entre su propia enseñanza, oral y secreta, reservada a los miembros de la Academia, y los diálogos escritos, en los cuales, utilizando la máscara de Sócrates, exhortaba a sus lectores a

15. F. Nietzsche: *Ecce Homo, Les Inactuelles*, § 3 (ed. NRF, t. VIII, p. 294). [Versión en castellano: *Ecce homo*, Madrid, Tecnos, 2023.]

16. P. Friedländer: *Plato*, vol. 1, Nueva York, 1958, p. 126. [Versión en castellano: *Platón*, Madrid, Tecnos, 1989.]

17. K. Gaiser: *Platons ungeschriebene Lehre. Studien zur systematischen und geschichtlichen Begründung der Wissenschaften in der Platonischen Sule*, Stuttgart, 1963. H. J. Krämer: *Arete bei Platon und Aristoteles. Zum Wesen und zur Geschichte der platonischenn Ontologie*, Heidelberg, 1959. Para un historial y un estado de la cuestión, cf. *Das Problem der ungeschriebenen Lehre Platon*s, Darmstadt, Wege der Forschung, t. 186, 1972. Cf. asimismo M.-D. Richard: *L'Enseignement oral de Platon*, París, 1986.

la filosofía? ¿O bien hay que admitir que Platón utiliza la figura de Sócrates para presentar su doctrina con cierta distancia, cierta ironía? Sea como fuere, esta situación original ha marcado significativamente la conciencia occidental y cuando los pensadores han sido conscientes de la renovación radical que aportaban (y se han espantado por ello), a su vez han utilizado una máscara y, preferiblemente, la máscara irónica de Sócrates para enfrentarse a sus contemporáneos.

En sus *Sokratische Denkwürdigkeiten*, en el siglo XVIII, Hamann hizo el elogio de Sócrates, *mimice*,[18] como él lo llama, es decir, tomando él mismo la máscara de Sócrates (el racionalista puro a ojos de los filósofos del siglo XVIII)[19] para dejar entrever, detrás de esa máscara, una figura profética de Cristo. Lo que, para Hamann, sólo es un método pasajero, se convierte en actitud fundamental y existencial en Kierkegaard. Esta actitud se manifiesta en él, para empezar, por el método de la seudonimia. Sabemos que la mayor parte de la obra de Kierkegaard se publicó bajo seudónimos: Victor Eremita, Johannes Climacus, etcétera. No se trata de un artificio de editor; estos seudónimos corresponden a los distintos niveles («estético», «ético», «religioso») en los que se supone que se sitúa el autor, que hablará sucesivamente del cristianismo como estético, después como moralista, a fin de hacer tomar conciencia a sus contemporáneos del hecho de que no son cristianos. «Se recubre de la máscara del artista y del moralista semicreyente para hablar de las creencias más profundas.»[20] Kierkegaard es perfectamente cons-

18. J.G. Hamannn: *Sokratische Denkwürdigkeiten* (ed. F. Blanke), Gütersloh, 1959, p. 74. [Versión en castellano: *Recuerdos socráticos*, Paracuellos del Jarama, Hermida, 2018.]

19. Sobre este punto, cf. B. Böhm: *Sokrates im achtzehnten Jahrhundert*, op. cit.

20. J. Wahl: *Études kierkegaardiennes*, op. cit., p. 282.

ciente del carácter socrático del método: «Desde el punto de vista global de la obra entera, la producción estética es un fraude donde las obras con seudónimo adquieren su sentido profundo. ¡Un fraude! ¡Qué esperpento! A lo que respondo que no hay que dejarse avasallar por la palabra. Se puede engañar a un hombre con vistas a la verdad y, por recordar al viejo Sócrates, engañarlo para conducirlo a la verdad. De hecho, es la única manera cuando ese hombre es víctima de una ilusión».[21] Se trata de lograr que el lector sienta su error sin refutarlo directamente, sino exponiéndolo de tal manera que su absurdidad se le presente con claridad. Es algo completamente socrático. Pero al mismo tiempo, mediante la seudonimia, Kierkegaard da la palabra a todos los personajes que están en él. Objetiva así sus diferentes yoes sin reconocerse en ninguno; como Sócrates, mediante sus hábiles preguntas, objetiva el yo de sus interlocutores, sin reconocerse en ellos. Kierkegaard escribe: «Mi melancolía ha hecho que, durante años, no haya podido llamarme "tú" a mí mismo. Entre la melancolía y este "tú" había todo un mundo de fantasía que he explorado en parte con mis seudónimos».[22] Pero Kierkegaard no se contenta con enmascararse detrás de seudónimos. Su verdadera máscara es la ironía socrática misma, es el propio Sócrates: «Oh, Sócrates. Tu aventura es la mía»; «Estoy solo. Mi única analogía es Sócrates. Mi labor es una labor socrática».

Kierkegaard llamaba a este método socrático, método de comunicación indirecta.[23] Lo encontramos de nuevo

---

21. S. Kierkegaard: *Point de vue explicatif de mon œuvre*, Bazoges en Pareds, 1940, p. 35. Cf OC, t. XVI, p. 28. [Versión en castellano: *Mi punto de vista*, Madrid, Aguilar, 1960.]

22. Citado por J. Wahl: *Études kierkegaardiennes*, op. cit., p. 52, cf. K. Ferlov y J.J. Gateau, S. Kierkegaard: *Journal*, París, 1963, t. II, p. 97.

23. Sobre la comunicación indirecta, cf. J. Wahl: *Études kier-*

en Nietzsche. A sus ojos, es el método del gran educador: «Un educador jamás dice lo que piensa, sino que dice siempre y exclusivamente aquello que piensa de una cuestión en cuanto a su utilidad para aquel al que educa. No es preciso que se adivine este disimulo».[24] El método está justificado por la misión trascendente del educador: «Todo espíritu profundo tiene necesidad de una máscara; mucho más, en torno a todo espíritu profundo se forma perpetuamente una máscara gracias a la interpretación, continuamente alterada, es decir, aburrida, que da a todas sus palabras, a todos sus razonamientos, a todas las manifestaciones de su vida».[25] La máscara del sileno socrático sirve de modelo a esta teoría de la máscara. Nietzsche escribe en los textos inéditos del último período de su vida: «Así era, creo, el encanto diabólico de Sócrates. Tenía un alma, pero por detrás otra y, más atrás, otra más. En la primera, Jenofonte se acomoda para dormir, en la segunda, Platón, en la tercera, también Platón, pero Platón con su segunda alma. Platón, a su vez, es un hombre lleno de cavernas ocultas y de fachadas».[26] Como en Kierkegaard, hay en Nietzsche una necesidad pedagógica, pero también una necesidad psicológica: «Existen hombres [y Nietzsche forma parte de ellos] que no quieren que se los vea más que medio velados por otros. Hay mucha sabiduría ahí».[27] Así Nietzsche, como él mismo reconocía en

---

kegaardiennes, op. cit., pp. 281-288 y p. 684 (sobre la teoría de la máscara en Nietzsche).

24. Citado por E. Bertram: *Nietzsche*, op. cit., p. 408 = Fragmentos póstumos (en adelante citado FP), junio-julio de 1885, 37 [7], ed. NRF, t. XI, p. 314.

25. Nietzsche: *Par-delà bien et mal*, § 40, p.66 [versión en castellano: *Más allá del bien y del mal*, Madrid, Tecnos, 2022] y cf. ed. NRF, t. VII, p. 57.

26. Citado por E. Bertram: *Nietzsche*, op. cit., p. 408

27. Ibídem, p. 226.

Ecce Homo,[28] ha tomado por máscara al escribir sus *Consideraciones intempestivas* a sus maestros Schopenhauer y Wagner, como Platón, nos dice él, se sirvió de Sócrates como semiótica. Hay en efecto una relación comparable a la que existe entre Sócrates y Platón: Nietzsche habla de un Wagner ideal y de un Schopenhauer ideal que no son más que Nietzsche mismo. Y precisamente, como bien señaló E. Bertram,[29] una de las máscaras de Nietzsche es ciertamente el propio Sócrates, un Sócrates al que persigue con el mismo amor-odio que prueba contra sí mismo, un Sócrates al que tiene «tan cerca que debe combatirlo casi sin cesar».[30] En Sócrates, Nietzsche detesta al Nietzsche que diluye el mito para poner en el lugar los dioses el conocimiento del bien y del mal, el Nietzsche que trae los espíritus a las cosas humanas, demasiado humanas, y ama y envidia de Sócrates lo que querría ser él mismo: el seductor, el educador, el conductor de almas. Volveremos a hablar de este amor-odio.

Esta máscara socrática es la máscara de la ironía. Si examinamos los textos de Platón,[31] de Aristóteles[32] o de Teofrasto,[33] en los cuales aparece el término *eironeia*, podemos deducir que la ironía es una posición psicológica según la cual el individuo trata de parecer inferior a lo que realmente es, se desprecia a sí mismo. En el uso y el arte del discurso, esta disposición se manifiesta por una tendencia a fingir que se da la razón al interlocutor, a

28. F. Nietzsche: *Ecce Homo, Les "Inactuelles"*, op. cit., § 3 (ed. NRF), t. VIII, pp.294-295.

29. E. Bertram: *Nietzsche*, op. cit., p. 235. Hay que leer todo el capítulo de Bertram sobre la máscara en Nietzsche.

30. Citado en ibídem, p. 385 = FP, verano de 1875, 6 [3], ed. NRF, t.II, 2, p. 335.

31. Platón: *República*, 337a; *Banquete*, 216 e 5; *Apología*, 38 a 1.

32. Aristóteles: *Ética a Nicómaco*, 1108 a 22, 1127 a 22.

33. Teofrasto: *Caracteres*, § 1

fingir que se adopta el punto de vista del adversario. La figura retórica de la *eironea* consistirá, pues, en utilizar palabras o en desarrollar discursos que el oyente esperaría más bien encontrar en boca del adversario.[34] Es precisamente así como se presenta la ironía socrática: «Sócrates, menospreciándose –explica Cicerón–, concedía más de lo necesario a aquellos interlocutores a los que quería refutar: pensaba una cosa y decía otra, le gustaba utilizar habitualmente esa forma de simulación a la que los griegos llamaban "ironía"».[35] Se trata de un menosprecio fingido, que consiste en primer lugar en hacerse pasar ante los demás por alguien completamente ordinario y superficial. Como dice Alcibíades en su elogio de Sócrates: «Sus discursos no pueden ser más semejantes a esos silenos que se entreabren. Si uno los escucha, en una primera impresión, sentirá que son sumamente ridículos [...]. Nos habla de mulos, de herreros, zapateros y curtidores, y siempre parece que repita lo mismo, de tal manera que no faltan ignorantes o insensatos que hagan de sus discursos objeto de burla».[36] ¡Sus temas son tan banales como los interlocutores! Busca y encuentra su público en los mercados, en las palestras, en los talleres de los artesanos, en los comercios. Es un hombre de la calle. Nietzsche dice: «La mediocridad es la máscara más hermosa que puede adoptar un espíritu superior».[37]

34. Cf. H. Lausberg: *Handbuch der literarischen Rhetorik*, Múnich, 1960, §§ 582 y 902, donde se encuentran todas las referencias. Uno de los mejores ejemplos de la utilización retórica de la ironía es el elogio de la esclavitud de los negros en Montesquieu: *Esprit des Lois*, XV, 5 [versión en castellano: *Del espíritu de las leyes*, Madrid, Alianza, 2012].

35. Cicerón: *Lucullus*, 15; Brutus, 292-300.

36. Platón: *Banquete*, 221 e.

37. F. Nietzsche: *Humain, trop humain. Le voyager et son ombre*, § 17, ed. NRF, t. III, 2, p. 231.

Sócrates habla, discute, pero rechaza que lo consideren un maestro. «Cuando la gente acude a él para pedirle que les presente otros filósofos, lo hace de buen grado y acepta con gusto que no se fijen en él», remarca Epicteto.[38] Si Sócrates rechaza ser considerado un maestro –y tocamos aquí el núcleo de la ironía socrática–, si rechaza enseñar, es porque no tiene nada que decir, no tiene nada que comunicar, por la sencilla razón de que no sabe nada, como proclama con frecuencia. Sin tener nada que decir, sin ninguna tesis que defender, Sócrates sólo puede preguntar y rechaza responder él mismo las preguntas: «Aquí vemos tu *eironeia* habitual –escribe el Trasímaco del primer libro de la República–, lo sabía, lo había predicho: te niegas a responder a las preguntas, encuentras escapatorias».[39] Aristóteles describe la situación con más claridad todavía: «Sócrates siempre tomaba el papel del interrogador, sin responder nunca porque confesaba que no sabía nada».[40]

Evidentemente, no podemos saber con exactitud cómo se desarrollaron las discusiones de Sócrates con los atenienses. Los diálogos de Platón, incluso los más «socráticos», no son más que una imitación doblemente debilitada. Para empezar, son escritos y no hablados y, como señaló Hegel, «en el diálogo escrito, las respuestas están completamente bajo el control del autor; pero encontrar en la realidad a personas que respondan de esa manera es otro cantar».[41] Además, podemos reconocer

38. Epicteto: *Manual*, § 46. Cf. F. Schweingruber: «Sokrates und Epiktet», *Hermes*, 78 (1943), 52-79.

39. Platón: *República*, 337 a (Gorgias, 489 e; Teeteto, 150 c).

40. Aristóteles: *Sophistici Elenchi*, 183 b 8.

41. G.W.F. Hegel: *Leçons sur l'histoire de la philosophie*, t. 2, p. 291. [Versión en castellano: *Lecciones sobre la filosofía de la historia universal*, Madrid, Alianza, 2019.] Las páginas consagradas a Sócrates en esta obra de Hegel son de una gran profundidad, todas ellas impregnadas del gran problema de la ironía romántica.

en los diálogos platónicos, bajo el encanto de la ficción literaria, el rastro de ejercicios escolares de la Academia platónica. Aristóteles codificó en sus *Tópicos* las reglas de estas justas dialécticas.[42] En estos ejercicios de argumentación, quien pregunta y quien responde tenían un papel bien determinado y las reglas de esta esgrima intelectual estaban definidas con rigor. No tenemos que buscar lo que, históricamente, puede ser propiamente socrático en las discusiones transmitidas por Platón, sino que debemos extraer el significado de la ironía socrática como la conoció la tradición, los movimientos de la conciencia a los cuales corresponde.

Otto Apelt[43] ha caracterizado bien el mecanismo de la ironía socrática: *Spaltung und Verdoppelung*; Sócrates se desdobla para «partir» en dos al adversario. Se desdobla: está por un lado el Sócrates que sabe de antemano cómo va a terminar la discusión, pero está el otro Só-

---

42. P. Moraux: «La Joute dialectique d'après le huitième livre des Topiques», en *Aristotle on Dialectic, Proceedings of the third Symposium Aristotelicum*, Oxford,1968, pp. 277-311. Sobre el significado filosófico de estas justas dialécticas, cf. E. Weil: «La Place de la logique dans la pensée aristotélicienne», *Revue de Métaphysique et de Morale*, 56 (1951), 283-315. Véase asimismo E. Hambruch: «Logische Regeln der Platonischen Schule in der Aristitelischen Topik», *Wissenschaftliche Beilage zum Jahresbericht des Askanischen Gymnasiums zu Berlin*, Berlín, 1904.

43. O. Apelt: *Platonische Aufsätze*, Berlín, 1912, pp. 96-108. Sobre la ironía socrática consúltese también la muy importante obra de M. Landmann: *Elenktik und Maieutik*, Bonn, 1950 y el excelente artículo de R. Schaerer: «Le Mécanisme de l'ironie dans ses rapports avec la dialectique», *Revue de Métaphysique et de Morale*, 49 (1941), pp. 181 ss. Sobre la ironía en general, cf. V. Jankélévitch: *L'Ironie*, París, 1964 [versión en castellano: *La ironía*, Barcelona, Taurus, 2020].

crates que recorrerá el camino, todo el camino dialéctico, con su interlocutor. Este último no sabe adónde lo conduce Sócrates. Es la ironía. Sócrates, caminando con su interlocutor, exige sin cesar un acuerdo total de su compañero. Tomando como punto de partida la posición de este compañero, le hace admitir poco a poco todas las consecuencias de esta posición. Al exigir a cada instante este acuerdo, que se basa en las exigencias racionales del Discurso razonable, del Logos,[44] objetiva el proceso común y conduce al interlocutor a reconocer que su posición inicial era contradictoria. En general, Sócrates elige como tema de discusión la actividad que resulta familiar a su interlocutor, y busca definir con él la sabiduría práctica requerida para ejercer esta actividad: el general debe saber combatir con valentía, el adivino debe saber comportarse con piedad ante los dioses. Y vemos que, al final del camino, el general no sabe qué es el valor, el adivino no sabe qué es la piedad. El interlocutor se da cuenta entonces de que no sabe verdaderamente por qué actúa. Todo su sistema de valores le parece bruscamente infundado. Hasta ese momento se identificaba de alguna manera con un sistema de valores que comandaba su manera de hablar. Ahora se opone a él. El interlocutor está partido en dos: está el interlocutor como era antes de la discusión con Sócrates y está el interlocutor que, en su constante acuerdo mutuo, se ha identificado con Sócrates y, a partir de ese momento, ya no es quien era antes.

El punto absolutamente fundamental en este método irónico es el camino que Sócrates y su interlocutor recorren juntos. Sócrates finge querer aprender algo de su interlocutor: ahí reside ese menosprecio de sí mismo irónico. Pero en realidad, y por más que él parezca identificarse con su interlocutor y entrar sin reservas en su dis-

44. Este logos común a Sócrates y a su interlocutor está personificado en Platón: *Protágoras*, 361 a.

curso, será finalmente éste el que, de forma inconsciente, entrará en el discurso de Sócrates, identificándose con Sócrates, lo que equivale a decir, no lo olvidemos, que se identifica con la aporía y la duda: pues Sócrates no sabe nada, sólo sabe que no sabe nada. Por lo tanto, al final de la discusión, el interlocutor no ha aprendido nada. Ya no sabe nada. Sin embargo, durante el tiempo que ha durado la discusión, ha experimentado lo que es la actividad del espíritu, o mejor todavía, ha sido el propio Sócrates, es decir, la interrogación, el cuestionamiento, el retroceso en relación consigo mismo y, finalmente, la conciencia.

Ése es el sentido profundo de la mayéutica socrática. Como es sabido, Sócrates explica en el *Teeteto* que su oficio es el mismo que el de su madre. Ella era comadrona, ayudaba a las mujeres a dar a luz. Y él es partero de espíritus: los asiste en el momento de su nacimiento. Él mismo no engendra nada, puesto que no sabe nada, sólo ayuda a los demás a engendrarse a ellos mismos.[45] Esta mayéutica socrática revierte por completo las relaciones entre maestro y discípulo, como bien entendió Kierkegaard: «Ser maestro no consiste en resolver a base de afirmaciones, ni en impartir lecciones que aprender, ser maestro es, verdaderamente, convertirse en discípulo. La enseñanza comienza cuando tú, maestro, aprendes del discípulo, cuando te ocupas de lo que él ha comprendido y de la manera en que lo ha comprendido».[46] «El discípulo da al maestro la ocasión de comprenderse a sí mismo, el maestro da ocasión al discípulo de comprenderse a sí mismo. A su muerte, el maestro no tiene pretensión alguna en relación con el alma de su discípulo, igual que el discípulo no la tiene con la de su maestro [...] La mejor manera de comprender a Sócrates es justamente com-

45. Platón: *Teeteto*, 150 a.

46. S. Kierkegaard: *Point de vue explicatif de mon œuvre*, op. cit., p. 28 y cf. OC, t. XVI, p. 22.

prender que no le debemos nada, es lo que prefiere Sócrates y es hermoso que haya podido preferirlo».[47]

Llegamos así a uno de los significados posibles de la enigmática profesión de fe de Sócrates: «Sólo sé una cosa y es que no sé nada». Puede que quiera decir, en efecto: Sócrates no posee ningún saber transmisible, no puede hacer que las ideas de su espíritu pasen al espíritu de otro. Como dijo el Sócrates del *Banquete* de Platón: «Estaría bien, Agatón, que la sabiduría pudiera filtrarse del recipiente que está más lleno al que está más vacío».[48] En las *Memorables* de Jenofonte, Hipias le dice a Sócrates: en lugar de preguntar siempre sobre la justicia, más valdría que nos dijeras de una vez qué es. A lo que Sócrates responde: «A falta de palabras, voy a hacer ver por mis actos qué es la justicia».[49] Sócrates, es verdad, es un apasionado de la palabra y del diálogo, pero también quiere mostrar apasionadamente los límites del lenguaje. La justicia no se puede comprender si no se ha vivido. Como toda realidad auténtica, la justicia es indefinible. Es precisamente lo que Sócrates quiere hacer comprender a su interlocutor para invitarlo a «vivir» la justicia. El cuestionamiento del discurso conduce de hecho a un cuestionamiento del individuo, que debe decidir si, sí o no, tomará la resolución de vivir según la conciencia y la razón. Como dice un interlocutor de Sócrates: «Nos arrastra a un circuito de discurso sin fin, hasta que uno deber dar cuenta de sí mismo, tanto de la manera en la que vive en el presente como de la existencia que ha vivido en el pasado».[50] El in-

---

47. S. Kierkegaard: *Riens philosophiques*, París, Gallimard, 1948 (colección Idées, NRF), pp. 68 y 119 y cf. OC, t.VII, p. 23 y 58. [Versión en castellano: *Migajas filosóficas o un poco de filosofía*, Madrid, Trotta, 1997.]

48. Platón: *Banquete*, 175 d.

49. Jenofonte: *Memorables*, IV, 4, 10.1.

50. Platón: *Laques*, 187 e.

dividuo es así puesto en cuestión desde los fundamentos mismos de su acción, toma conciencia del problema vivo que es él mismo para sí mismo. De este modo se revierten todos los valores y el interés que se les prestaba: «No tengo ninguna preocupación –dice Sócrates en la *Apología de Sócrates* escrita por Platón–, no me preocupa lo que preocupa a la mayor parte de la gente, cuestiones de dinero, administración de bienes, responsabilidades de estratega, éxitos oratorios en público, magistraturas, coaliciones, facciones políticas. Me he comprometido, no en esta vía [...] sino en aquella donde, a cada uno de vosotros en particular, haría el mayor bien al tratar de convencerlo de que se preocupe menos de lo que tiene que de lo que es, para que logre ser lo más excelente y razonable posible».[51] Mediante este apelar al ser del individuo, el método socrático es existencial. Es por eso que, cada uno a su manera, Kierkegaard y Nietzsche han querido repetirlo. Esta puesta en cuestión del individuo, este «preocúpate de ti mismo»[52] que Sócrates repite incansablemente, como no encontrarlos en este texto de Nietzsche donde, al describir al hombre según Schopenhauer, lo muestra aislado en medio de la inconciencia de sus contemporáneos: «Bajo cien máscaras diversas desfilan jóvenes, adultos, viejos, padres, ciudadanos, sacerdotes, funcionarios, comerciantes, y no piensan más que en la comedia que ofrecen todos juntos sin pensar lo más mínimo en ellos mismos. A la pregunta "¿por qué vives?", no vacilarían en responder con orgullo: para ser un buen ciudadano, un sabio, un hombre de Estado».[53] «¿Acaso todas las instituciones humanas no están destinadas a impedir que los hombres

51. Platón: *Apología de Sócrates*, 36 b.

52. Platón: *Alcibíades*, 120 d 4; *Apología*, 36 c.

53. F. Nietzsche: *Considérations inactuelles*, III, 4, París, Aubier, 1966, p. 79.

sientan su vida, gracias a la dispersión constante de sus pensamientos?»[54] «El odio es general porque todos quieren escapar de sí mismos.»[55] Ya el Alcibíades del *Banquete* decía: «Sócrates me obliga a confesarme que, a pesar de mis deficiencias en muchos aspectos, sigo despreocupándome todavía de mí mismo y ocupándome sólo de los asuntos de los atenienses».[56] Podemos entrever el alcance político de esta inversión de valores, de este cambio en las directrices de la vida. La preocupación por el destino individual no puede dejar de provocar algún conflicto con la ciudad.[57] Éste será el sentido profundo del proceso y muerte de Sócrates. La ironía socrática se torna dramática cuando la vemos, gracias al testimonio de la *Apología de Sócrates*, ejercerse a costa de los acusadores del filósofo y provocar en cierto modo su condena a muerte.[58]

Es ahí precisamente donde aparece esa «seriedad de la existencia» de la que habla Kierkegaard.[59] El mérito de Sócrates, a su juicio, es el de haber sido un pensador existente y no un filósofo especulativo que olvida lo que supone existir.[60] La categoría fundamental de la existen-

54. Ibídem, p. 79.

55. Ibídem, p. 87.

56. Platón: *Banquete*, 216 a.

57. Hegel insiste mucho en este punto, *Leçons sur l'histoire de la philosophie*, op. cit., t. 2, p. 333: «Ningún pueblo y menos todavía un pueblo libre, con una libertad como la del pueblo ateniense, ha reconocido un tribunal de la conciencia moral».

58. Esta voluntad de morir, en Sócrates, planteará a Nietzsche un problema del que hablaremos más adelante.

59. Cf. J. Wahl: *Études kierkegaardiennes*, op. cit., pp. 350 ss.

60. Sobre este tema, cf. Kierkegaard: *Post-Scriptum non scientifique*, París, 1941, p. 447 ss, y cf. OC, t. X, p. 191 [versión en castellano: *Post scriptum no científico y definitivo a «Migajas filosóficas»*, Salamanca, Sígueme, 2011].

cia según Kierkegaard es el Individuo, lo Único,[61] la soledad de la responsabilidad existencial. Para él, Sócrates fue el inventor.[62] Se encuentra en este punto una de las causas más profundas de la ironía socrática. El lenguaje directo se revela impotente para comunicar la experiencia de existir, la auténtica conciencia del ser, la seriedad de la vida, la soledad en la decisión. Hablar es estar doblemente condenado a la banalidad.[63] Para empezar, no puede haber comunicación directa de la experiencia existencial: cualquier palabra es «banal». Y por otra parte, la banalidad, bajo la forma de la ironía, puede permitir la comunicación indirecta.[64] Como dice Nietzsche: «Creo sentir que Sócrates era profundo (su ironía correspondía a la necesidad de adoptar un aire superficial para poder relacionarse con los hombres)».[65] Para el pensador existencial, la banalidad y lo superficial son, en efecto, una necesidad vital: se trata de estar en contacto con los hombres, aunque éstos no tengan conciencia. Pero también hay trucos pedagógicos: los giros y derivaciones de la ironía o el impacto de la aporía pueden dar acceso al conocimiento de la seriedad de la conciencia existencial, sobre todo si se le añade, como veremos, el poder de Eros. Sócrates no tiene ningún sistema para enseñar. Su filosofía es puro ejercicio espiritual, un nuevo modo de vivir, reflexión activa, conciencia viva.

---

61. Cf. J. Wahl: *Études kierkegaardiennes*, op. cit., p. 270.

62. S. Kierkegaard: *Point de vue explicatif de mon œuvre*, op. cit., p. 50, y cf. OC, t XVI, p. 44.

63. Sobre el tema de la banalidad, cf. L. Jerphagnon: *De la banalité*, París, 1965.

64. Cf. J. Wahl: *Études kierkegaardiennes*, pp. 281 ss y sobre todo los comentarios sobre las relaciones entre lo incógnito divino y lo incógnito del escritor, p. 285, n. 1.

65. Nietzsche, FP, abril-junio de 1885, 34 [148], ed. NRF, t. XI, p. 198.

Tal vez haya que darle un significado todavía más profundo a la fórmula socrática: «Sólo sé que no sé nada». Esto nos conduce a nuestro punto de partida. Sócrates sabe que no es ningún sabio.[66] Su conciencia individual despierta en ese sentimiento de imperfección e inconclusión. Sobre este punto, Kierkegaard puede ayudarnos a entender el significado de la figura socrática. Kierkegaard afirma que sólo sabe una cosa, que él no es cristiano. Está íntimamente convencido de que no lo es, porque ser cristiano es mantener una verdadera relación personal y existencial con Cristo, es ser plenamente dueño de esta relación, es haberla interiorizado mediante una decisión que emana de lo más profundo del yo. Teniendo en cuenta la extrema dificultad de esta interiorización, no hay cristianos. Sólo Cristo es cristiano. Al menos, aquel que tiene conciencia de no ser cristiano es el mejor cristiano, en la medida en que reconoce que no es cristiano.[67] La conciencia de Kierkegaard, como toda conciencia existencial, está dividida. Sólo existe en la conciencia que tiene de no existir verdaderamente. Esta conciencia kierkegaardiana es la conciencia socrática: «Oh Sócrates, gracias a tu ignorancia, tenías la maldita ventaja de poder sacar a la luz que los demás eran todavía menos sabios que tú: ellos ni siquiera sabían que eran ignorantes. Tu aventura es la mía. La gente se exaspera conmigo cuando me ven capaz de demostrar que los demás son todavía menos cristianos que yo, porque yo respeto tanto al cristianismo que me he atrevido a descubrir y confesar que no soy cristiano». [68]

---

66. Platón: *Apología*, 23 b: «Oh, humanos, éste es entre vosotros el más sabio *(sophotatos)* que sabe como Sócrates que de verdad no sirve para nada de hecho de sabiduría *(sophia)*».

67. Cf. J. Wahl: *Études kierkegaardiennes*, op. cit., p. 387 y p. 409, n. 1, sobre la teología negativa.

68. S. Kierkegaard: *L'Instant*, cap. 10, p. 176 y cf. OC, t. XIX, pp. 300-301. [Versión en castellano: *El instante*, Madrid, Trotta, 2006.]

La conciencia socrática también se nos presenta dividida y desgarrada, no por la figura de Cristo sino por la figura del Sabio, norma trascendente. La justicia, como hemos visto, no puede definirse, hay que vivirla. Todos los discursos del mundo no podrían expresar la profundidad de la decisión del hombre que elige ser justo. Pero toda decisión humana es precaria y frágil. Al elegir ser justo en tal o cual acto, el hombre tiene el presentimiento de una existencia que podría ser justa de manera plena. Sería la existencia del Sabio. Sócrates tiene conciencia de no ser sabio. Él no es *sophos*, sino *philosophos*, no un sabio, sino alguien que desea la sabiduría, porque carece de ella.

Como ha explicado maravillosamente P. Friedländer, «la ironía socrática expresa la tensión entre la ignorancia (es decir, la imposibilidad de expresar con palabras qué es la justicia) y la experiencia directa de lo desconocido, es decir, de la existencia del hombre justo, cuya justicia alcanza el nivel divino».[69] Al igual que Kierkegaard sólo es cristiano por su conciencia de no serlo, Sócrates es sabio por su conciencia de no serlo. De este sentimiento de privación surge un inmenso deseo. Por eso el filósofo Sócrates encarnará, en la conciencia occidental, los rasgos de Eros, el eterno vagabundo en busca de la Belleza verdadera.

69. P. Friedländer: *Plato*, op. cit., p. 153.

II. EROS

Podría decirse que Sócrates es el primer individuo surgido de la historia del pensamiento occidental. Como bien ha subrayado W. Jaeger,[1] la literatura socrática, en particular las obras de Platón y de Jenofonte, al intentar trazar un retrato literario de Sócrates, se esfuerza en hacer sentir su originalidad, su unicidad. Esta necesidad surge sin duda de la experiencia extraordinaria que representa el encuentro con una personalidad incomparable. Es ahí, como ha subrayado Kierkegaard,[2] donde reside el sentido profundo de los términos *atopos*, *atopia* o *atopotatos*, que con tanta frecuencia aparecen en los diálogos de Platón[3] para describir el carácter de Sócrates; por ejemplo, en el *Teeteto* (149a): «Dicen que soy *atopotatos* y que sólo creo en la aporía». El término significa etimológicamente «fuera de lugar», es decir, extraño, extravagante, absurdo, inclasificable, desconcertante. En su elogio de Sócrates, en el *Banquete*, Alcibíades insiste sobre esta particularidad. Existen normalmente, según nos dice, diversas clases de hombres, ciertos tipos ideales a los cuales corresponden los individuos: por ejemplo, existe el tipo «gran general, noble y valiente»: sus representantes serían en la antigüedad homérica Aquiles, y entre los contemporáneos el general espartano Brásidas; está el tipo «hombre de Estado elocuente y sensato», cuyos representantes en la antigüe-

1. W. Jaeger: *Paideia*, t. II, Berlín, 1954, p. 64. [Versión en castellano: *Paideia: Los ideales de la cultura griega*, Madrid, FCE, 1990.]

2. S. Kierkegaard: *Point de vue explicatif sur mon oeuvre*, op.cit., p. 50 y cf. OC, t XVI, p. 44.

3. Platón: *Banquete*, 215 a; *Fedro*, 229-230; *Alcibíades*, 106 a.

dad homérica son el griego Néstor o el troyano Antenor, y entre los contemporáneos Pericles. Sócrates, en cambio, no pertenece a ninguna clase. No se lo puede comparar con ningún hombre, concluye Alcibíades, a lo sumo con los silenos y los sátiros.[4] Sí, Sócrates es el Individuo, lo Único, ese Individuo tan querido por Kierkegaard que le habría gustado que grabaran en su lápida: «Fue el Individuo»[5]

Y, sin embargo, a pesar de este carácter incomparable, veremos que Sócrates adopta los rasgos míticos de Eros.[6] Es cierto que será un Eros concebido como una proyección de la figura de Sócrates.

Encontramos en Sócrates, íntimamente ligada a la ironía del diálogo, una ironía amorosa que conlleva ciertos cambios de situación, plenamente análogos a los de la ironía del discurso. Recordemos de inmediato que el amor que aquí se plantea es el amor homosexual, precisamente porque es un amor educador. En la Grecia de los tiempos de Sócrates, el amor masculino es un recuerdo que sobrevive de la educación guerrera arcaica, en la cual el joven noble era formado en las virtudes aristocráticas, en el contexto de una amistad viril, bajo la dirección de alguien mayor. La relación maestro-discípulo surge en la época sofística a partir del modelo de esta relación arcaica y se expresa gustosamente en una terminología erótica. La parte de la retórica y de la ficción literaria en esta manera de hablar no debe olvidarse nunca.[7]

---

4. Platón: *Banquete*, 221 c-d.

5. S. Kierkegaard: *Point de vue explicatif*, op. cit., p. 100, y cf. OC, t. XVI, p. 94.

6. Sobre este tema: *Socrate et Éros*, cf. J. Hillman: «On Psychological Creativity», *Eranos*, 35 (1996), 370-398, en especial sobre el aspecto demónico del Eros socrático. Creo que nuestras investigaciones se completan mutuamente.

7. Cf. H. I. Marrou: *Histoire de l'éducation dans l'Antiquité*, París, 19716, cap. III, «De la pédérastie comme éducation».

La ironía amorosa de Sócrates consiste, evidentemente, en fingir haberse enamorado hasta que aquel a quien ha dedicado sus atenciones, gracias al giro provocado por la ironía, se enamora a su vez. Es lo que explica Alcibíades en su elogio de Sócrates. Alcibíades, engañado por las numerosas declaraciones de Sócrates y creyendo que habla en serio, lo invita una noche para seducirlo. Se cuela en su lecho y comienza a abrazarlo. Pero Sócrates mantiene el control y no se deja seducir. Dice Alcibíades: «Desde ese momento fui yo quien quedó reducido a la esclavitud, reducido al estado de un hombre al que ha mordido una víbora».[8] «Porque es en el corazón o en el alma, como se lo quiera llamar, donde se ha clavado el colmillo, donde noto el mordisco de los discursos filosóficos. Cuando lo escucho el corazón me late más fuerte que a los coribantes en sus desfiles, sus palabras hacen que me salten las lágrimas [...]. No soy el único con quien se ha portado así. Lo hizo con Cármides [...], con Eutidemo [...] y con muchísimos otros, a quienes engañó haciéndose pasar por enamorado mientras adoptaba el papel de amado en vez del de amante».[9] Qué mejor comentario a este pasaje que el que ofrece Kierkegaard: «En este sentido, habría que llamarlo seductor: fascinaba a los jóvenes, despertaba en ellos aspiraciones que luego no satisfacía. Los engañaba a todos como engañaba a Alcibíades. Atraía a esos jóvenes, pero cuando éstos se volvían hacia él, cuando querían encontrar reposo a su lado, se había alejado, el hechizo había pasado, y los jóvenes sentían el profundo dolor del amor desdichado, sentían que habían sido engañados, que no era Sócrates el que los amaba, sino que eran ellos los que amaban a Sócrates».[10]

8. *Banquete*, 217-218.

9. Ibídem, 215 e, 218 a, 222 b.

10. Citado por J. Wahl: *Études kierkegaardiennes*, op. cit., p. 60 = *Le concept d'ironie*, OC, t.II, p. 171.

El amor irónico de Sócrates consiste en fingirse enamorado. En la ironía dialéctica, Sócrates actuaba de manera similar, planteando sus preguntas, con la intención de que su interlocutor le comunicara su sabiduría o su juicio. De hecho, lo que descubría el interlocutor en ese juego de preguntas y respuestas era su incapacidad para poner remedio a la ignorancia de Sócrates, puesto que no tenía ninguna sabiduría ni ningún juicio para ofrecer a Sócrates. Así pues, era a la escuela de Sócrates, es decir, a la escuela del ser consciente de no saber, a la que el interlocutor quería entrar. En la ironía amorosa, Sócrates actuaba de manera similar, pretendiendo que, mediante declaraciones amorosas, aquel a quien fingía amar le hiciera entrega no de su saber, sino de su belleza corporal. Es una situación comprensible: Sócrates no es bello, el joven sí lo es. Pero esta vez el amado o pretendido como tal descubre por la actitud de Sócrates que es incapaz de satisfacer su amor, pues no es poseedor de la verdadera belleza. Al descubrir lo que le falta, se enamora de Sócrates, es decir, no de su belleza, puesto que Sócrates no es bello, sino del amor que, según la definición que da Sócrates en el *Banquete*,[11] es el deseo de la Belleza de la que uno está privado. Así pues, estar enamorado de Sócrates es estar enamorado del amor.

Ahí radica, precisamente, el sentido del *Banquete* de Platón.[12] El diálogo se construye para que se adivine la identidad de las figuras de Eros y Sócrates. Platón imagina que, según la costumbre, todos los invitados, de izquierda a derecha, pronunciarán uno tras otro su elogio

11. *Banquete*, 200-201.

12. Sobre este tema, cf. ante todo, L. Robin en su introducción a Platon [Platón]: *Le Banquet*, París, Les Belles Lettres, 1951, pp. CI-CIX y en su obra *La Théorie platonicienne de l'amour*, París, 1933, p. 195; P. Friedländer: *Plato*, op. cit., vol. 1, cap. 2, «Demon and Eros».

de Eros. Es lo que hacen sucesivamente Fedro y Pausanias, después el médico Erixímaco, el poeta cómico Aristófanes y el poeta trágico Agatón. En cuanto a Sócrates, cuando le llega el turno, no hace directamente un elogio del Amor (eso resultaría contrario a su método), sino que cuenta la conversación que había mantenido con Diotima, la sacerdotisa de Mantinea que le contó el mito del nacimiento de Eros. Normalmente el diálogo debería terminar ahí, pero de repente irrumpe en la sala del festejo Alcibíades, coronado con violetas y hojas de hiedra y moderadamente ebrio. Se somete de todas formas a las leyes del banquete, pero en vez de ofrecer su elogio a Eros lo dedica a Sócrates.

Aquí la similitud entre Sócrates y Eros no queda subrayada únicamente por el hecho de que el elogio de Sócrates va a continuación y en la línea de los anteriores elogios de Eros, sino también porque los rasgos comunes en el perfil de Eros trazado por Diotima y en el que Alcibíades hace de Sócrates son numerosos y significativos.

El día en que nació Afrodita, cuenta Diotima, los dioses celebraron un banquete. Al final de la comida, Penia, es decir, «Pobreza», «Privación», vino a mendigar. Vio entonces a Poros, es decir, «Recurso», «Solución», «Riqueza», embriagado por el néctar y adormecido en el jardín de Zeus. Para remediar su pobreza, Penia decidió tener un hijo con Poros. Se tendió al lado de Poros, que estaba dormido, y concibió así a Amor.

Esta genealogía de Eros permite a Diotima trazar su retrato de una forma tan sutil que la descripción admite numerosos niveles de interpretación. Para empezar, según la literalidad del mito, podemos reconocer en Eros los rasgos de su padre y los de su madre: del lado paterno, recibe un espíritu ingenioso y astuto, su *euporia*; del lado materno, recibe se estado de pobre y mendigante, su aporía. A través de esta descripción, sale a la luz una determinada concepción del Amor. Mientras que los otros comensales han descrito a Eros de forma idealizada, Sócrates cuenta el diálogo que mantuvo con Diotima para dar una visión más realista del Amor. El Amor no es bello, como habría querido el poeta trágico Agatón. Sin eso, ya no sería Amor. Eros es esencialmente deseo, y uno no puede desear más que aquello de lo que está privado. Eros no puede ser hermoso: hijo de Penia, está privado de belleza; pero, hijo de Poros, es capaz de poner remedio a esta privación. Agatón ha confundido el Amor con su objeto, es decir, con el amado. Sin embargo, para Sócrates el Amor es amante. No sería por tanto ningún dios, tal como cree la mayoría, sino sólo un *daimon*, un ser intermedio entre lo divino y lo humano.

Es por eso que la descripción que Diotima hace de Eros tiene algo de cómico. Reconocemos ahí la clase de vida agotadora a la que condena al Amor. De ahí la famosa sentencia: «Militat omnis amans». El enamorado monta guardia a la puerta del amado, y pasa la noche al raso. Es un mendigo y un soldado. Pero también es rico en invenciones, brujo, mago y hábil charlatán, porque el Amor te hace ingenioso. Para él, desánimo y esperanza, necesidad y saciedad se suceden sin interrupción según los éxitos y fracasos amorosos. Se trata del Eros canalla, insolente, testarudo, indiscreto y salvaje, de ese verdadero monstruo cuyas fechorías harán las delicias de la poesía griega, hasta el período bizantino.[13]

Sin embargo, en esta figura del Eros cazador, Platón entrecruza con sorprendente dominio los rasgos de

13. Cf. sobre la genealogía de Eros, M. Detienne y J.-P. Vernant: *Les Ruses de l'intelligence. La Métis des Grecs*, París, 1974, p. 140. [Versión en castellano: *Las artimañas de la inteligencia*, Madrid, Taurus, 1988.] Sobre el tema «militat omnis amans», cf. A. Spies: *Militat omnis amans. Ein Beitrag sur Bildersprache der antiken Erotik*, Tubinga, 1930. Sobre el Eros canalla, cf. *Anthologia Palatina*, libro v, epigramas 176-180.

Sócrates, es decir, del «filósofo». Eros, nos dice Diotima, lejos de ser delicado y hermoso como piensa Agatón, se muestra siempre pobre, tosco, grosero, desarrapado y descalzo. El Sócrates al que elogia Alcibíades va cubierto con una burda capa que a duras penas lo protege del frío invernal y también descalzo.[14] Y descubrimos en el curso del diálogo que Sócrates se ha bañado, excepcionalmente, para venir al banquete.[15] Los poetas cómicos se burlarán de sus pies descalzos y de su vieja capa.[16] Esta figura de Sócrates como Eros mendicante será la del filósofo cínico, la de Diógenes, sin un lugar al que ir, con su capa y sus alforjas, ese «Sócrates furioso», tal como al parecer se definía a sí mismo.[17] Como ha señalado P. Friedländer,[18] este Eros descalzo recuerda también al hombre primitivo, tal como se describe en el *Protágoras* (321 c 5) y la *República* (272 a 5). Volvemos otra vez a la figura del sileno, es decir, del ser puramente natural, de la fuerza primitiva anterior a la cultura y la civilización. No es casual que este elemento forme parte del complejo retrato de Sócrates-Eros. Se corresponde a la perfección con esa inversión de los valores provocada por la conciencia socrática. Para aquel que cuida de su alma, lo esencial no se sitúa en las apariencias, en las costumbres o en las comodidades,

---

14. *Banquete*, 203 c-d y 220 b. Sobre el tema de Sócrates-Eros, cf. V. Jankélévitch: *L'Ironie*, op. cit., pp. 122-125, y T. Gould: *Platonic Love*, Londres, 1963, p. 57.

15. *Banquete*, 174 a.

16. Cf. los textos citados por Diógenes Laercio: *Vidas, opiniones y sentencias de los filósofos más ilustres*, II, 27-28.

17. Sobre el estilo de vida de Diógenes el Cínico, cf. Diógenes Laercio: *Vidas, opiniones y sentencias de los filósofos más ilustres*, VI, 20 ss. El texto que contiene la definición de Diógenes como «Sócrates furioso» (VI, 54) está mal atestiguado críticamente, pero el término tiene su verdad psicológica.

18. P. Friedländer, *Plato*, op. cit., vol. 1, p. 368, n. 6.

sino en la libertad.

No obstante, Diotima nos dice también que Eros tiene características de su padre: «Tiende trampas a las almas nobles, porque es intrépido, insolente y pertinaz. Es un cazador temible, siempre a punto de encontrar alguna artimaña, con ganas de ser hábil,[19] con recursos *(porimos)*, siempre pensando en alguna estratagema, estupendo brujo, mago y sofista.[20] Casi parece que estemos escuchando al Estrepsíades de *Las nubes* de Aristófanes describiendo aquello en lo que espera convertirse gracias a la educación socrática: «Intrépido, elocuente, insolente, descarado [...] nunca parco en palabras, un verdadero zorro».[21] En su elogio de Sócrates, Alcibíades lo trata de descarado sileno,[22] y ya antes que él también Agatón ha premiado a Sócrates con el epíteto *hybristes*.[23] Para Alcibíades, Sócrates es un mago,[24] un orador, hábil para captar la atención de jóvenes hermosos.[25] En cuanto a la fortaleza de Eros, la encontramos en el retrato de un Sócrates militar que dibuja Alcibíades: resiste el frío, el hambre, el miedo, y es tan capaz de soportar el vino como una larga meditación.[26] Durante la retirada de Delio, explica Alcibíades, Sócrates marchaba con tanta facilidad como si paseara por las calles de Atenas, con ese aspecto que describe Aristófanes

19. Los términos empleados en griego son voluntariamente ambiguos: Eros aparece deseoso de *phronesis*, es decir, de sabiduría, sobrado de recursos *(porimos)* y «filosofando» a lo largo de toda su vida.

20. *Banquete*, 203 d.

21. Aristófanes: *Las nubes*, 445 ss.

22. *Banquete*, 221 e

23. Ibídem, 175 e.

24. Ibídem, 215 c; *Menón*, 80 a 3; *Cármide*, 155 e; *Fedón*, 77 e.

25. *Banquete*, 218 a-b.

26. Ibídem, 220 a-d.

cuando nos lo muestra «pavoneándose y lanzando miradas de soslayo, descalzo, por más duro que resulte, y con porte serio».[27]

Es pues un retrato de un Sócrates-Eros no demasiado halagador. Desde luego, estamos en plena ironía platónica, por no decir socrática. Pero esta figura también tiene un profundo significado psicológico.

Eros es un *daimon*, nos cuenta Diotima, es decir, un intermediario entre los dioses y los hombres. Ahora bien, la posición de intermediario es muy incómoda. El demonio Eros que nos describe Diotima es indefinible e inclasificable, como Sócrates, el *atopos*. No es ni dios ni hombre, ni bello ni feo, ni sabio ni insensato, ni bueno ni malo.[28] Pero es deseo, porque, como Sócrates, tiene conciencia de no ser hermoso ni sabio. Por eso es filósofo, enamorado de la sabiduría, es decir, deseoso de alcanzar el nivel de la perfección divina. En la descripción que ofrece Diotima, Eros es también deseo de su propia perfección, de su verdadero yo. Sufre por estar privado de la plenitud del ser y aspira a alcanzarla. Además, mientras los otros hombres aman a Sócrates-Eros, mientras aman al Amor, revelado por Sócrates, lo que aman en Sócrates es esa aspiración, ese amor por la Belleza y la perfección del ser. Así pues, encuentran en Sócrates el camino hacia su propia perfección.

Al igual que Sócrates, Eros se nos plantea como una invitación, una posibilidad que se abre, pero no posee la Sabiduría ni la Belleza. Es cierto que cuando se abren los silenos a los cuales se refiere Alcibíades vemos que están llenos de estatuillas de dioses.[29] Pero los silenos

27. Ibídem, 221 b y Aristófanes: *Las nubes*, 362.

28. *Banquete*, 203-204. Sobre el alcance filosófico de estas negaciones simultáneas cf. H.-J. Krämer, *Platonismus und hellenistische Philosophie*, Berlín, 1971, pp. 174-175 y 229-230.

29. *Banquete*, 215 b.

no son las estatuillas. Se abren sólo para que podamos cogerlas. La etimología de Poros, el padre de Eros, significa «pasaje», «acceso», «vía». Sócrates no es más que un sileno que se abre hacia algo situado más allá de él. Eso es el filósofo: una invitación a la existencia. Sócrates le dice irónicamente al hermoso Alcibíades: «Si me amas es porque has percibido en mí una belleza extraordinaria que en nada se asemeja a las formas que se encuentran en ti. Pero examina las cosas con más atención, no vayas a confundirte en lo que respecta a mí y a mi nada real».[30] Sócrates pone de este modo en guardia a Alcibíades: al amar a Sócrates no está amando sino a Eros, el hijo de Penia y Poros, y no a Afrodita. Pero si lo ama es porque presiente que Sócrates le muestra el camino hacia una belleza extraordinaria que trasciende cualquier belleza terrenal. Las virtudes de Sócrates, esas figuritas de dioses escondidas dentro del irónico sileno, esas virtudes de Sócrates que admira Alcibíades,[31] no son más que un reflejo, un anticipo de la Sabiduría perfecta que desea Sócrates y que desea Alcibíades por medio de Sócrates.

Encontramos, por tanto, en el Eros socrático, la misma estructura fundamental que en la ironía socrática, una conciencia desdoblada que presiente apasionadamente que no es lo que debería ser. Es de este sentimiento de escisión y carencia de donde nace el Amor.

Siempre será uno de los grandes méritos de Platón haber sido capaz de introducir, al inventar el mito de Sócrates-Eros, la dimensión del Amor, del deseo y de lo irracional en la vida filosófica. Tenemos, de entrada, la experiencia misma del diálogo, tan típicamente socrática, esa voluntad de esclarecer determinado problema que preocupa a ambos interlocutores. Aparte del movimiento

30. Ibídem, 218 e.

31. Alcibíades enumera sucesivamente la templanza y la fuerza, ibídem, 217-221.

dialéctico del *logos*, este camino que recorren juntos Sócrates y su interlocutor, esta voluntad común de ponerse de acuerdo, ya son amor, y la filosofía se encuentra más en este ejercicio espiritual que en la construcción de un sistema. La función del diálogo consiste, incluso esencialmente, en mostrar los límites del lenguaje, la imposibilidad del lenguaje de comunicar la experiencia moral y existencial. Ahora bien, el diálogo en sí mismo, en tanto que acontecimiento, en tanto que actividad espiritual, ya ha sido una experiencia moral y existencial. Y es que la filosofía socrática no supone la simple elaboración de un sistema, sino el despertar de la conciencia, la elevación a un nivel del ser que sólo puede alcanzarse mediante una relación de persona a persona. Tampoco Eros, como le ocurre al irónico Sócrates, puede enseñar nada, puesto que es un ignorante: no te hace más sabio, pero te hace otro. Él también es mayéutico. Ayuda a las almas a engendrarse a sí mismas.

Es verdaderamente emocionante encontrar a lo largo de la historia el recuerdo del Eros socrático;[32] por ejemplo, en la Alejandría del siglo III e. c., el cristiano Gregorio Taumaturgo hará el elogio de su maestro Orígenes en los siguientes términos: «Como una chispa lanzada en mitad de nuestras almas, se enciende e ilumina en nosotros el amor hacia el Logos y el amor por este hombre, amigo e intérprete de este Logos, este hombre –dice más adelante– que sabía a la manera de Sócrates domarnos como si fuéramos caballos salvajes gracias a su procedimiento

32. Por ejemplo, Kierkegaard, citado por J. Wahl: *Études kierkegaardiennes*, op. cit, p. 100, n. 1 (=*Discours chrétiens*, VII, OC, t. XV, p. 226): «Cuando mis lecturas me hacen encontrar a Sócrates, mi corazón late como el del joven que se entretenía con él. El pensamiento de Sócrates entusiasmó mi juventud y colmó mi alma». Véanse asimismo las palabras de Goethe, citado más adelante, n. 3, p. 57.

elénctico».[33] Y, como ha mostrado E. Bertram[34] en unas páginas magníficas, es esta tradición del Eros socrático, esta tradición del demonismo educador, la que recupera Nietzsche. Según Bertram, tres formas expresan a la perfección esa dimensión erótica de la pedagogía, la del propio Nietzsche: «Sólo del amor nacen las perspectivas más profundas»; la de Goethe: «Sólo se aprende de quien se ama»; y la de Holderlin: «Con amor el mortal da lo mejor de sí»; tres fórmulas que muestran que es el amor recíproco lo que da acceso a la verdadera conciencia.[35]

Podríamos decir, retomando el vocabulario de Goethe, que esta dimensión del amor, del deseo, pero también de lo irracional, es lo «demónico». Platón ya había descubierto esta dimensión en Sócrates. Sabemos que el *daimon* de Sócrates era esa inspiración que se le imponía en ocasiones como una forma completamente irracional, como una señal negativa que le impedía hacer tal o cual cosa. En cierto modo, constituía su «carácter» propio, su auténtico yo. Este elemento irracional de la conciencia socrática tampoco es ajeno a la ironía socrática. Si Sócrates afirmaba que no sabía nada era tal vez porque regresaba, en la acción, a su propio *daimon* y porque confiaba en el *daimon* de sus interlocutores. Sea como fuere, y

---

33. Gregorio Taumaturgo: Remerciement à Origène (Prosphonetikos), VI, 83, y VII, 97, todo el capítulo VI está consagrado a este tema.

34. E. Bertram: *Nietzsche*, op. cit., pp. 393 y ss. P Friedländer (*Plato*, op. cit., t. I, p. 50) también alude a esas páginas.

35. F. Nietzsche: *Einleitung in das Studium der classischen Philologie*, en *Werke*, t. XVII, Leipzig, 1910, p. 333; *Conversations de Goethe avec Eckermann*, París, NRF, 1988, p. 152; Hölderlin: *La Mort d'Empédocle*, primera versión, acto II, escena, 4 [versión en castellano: *La muerte de Empédocles*, Barcelona, Acantilado, 2001]. Citados por E. Bertram: *Nietzsche*, op. cit., p. 394.

J. Hillman insistió sobre este punto en 1966, fue porque Platón había encontrado en Sócrates a un hombre demónico que pudo darle la figura del gran *daimon* Eros.[36]

¿Cómo describir esta dimensión demónica? Nuestro mejor guía en esta cuestión no puede ser otro que Goethe, quien, durante toda su vida, estuvo fascinado por el inquietante misterio de lo «demónico». Fue probablemente en los *Sokratische Denkwürdigkeiten* de Hamann[37] donde tuvo su primer encuentro con lo demónico bajo la persona del *daimon* de Sócrates, ese Sócrates que fascinó hasta tal punto a Goethe que, en una carta a Herder de 1772, leemos este grito extraordinario: «Ser un día y una noche Alcibíades y luego morir».[38]

Lo demónico de Goethe tiene todos los rasgos ambivalentes y ambiguos del Eros socrático. Es una fuerza, nos dice en el vigésimo libro de *Poesía y verdad*, que no es divina ni humana, ni diabólica ni angélica, que separa y que une a todos los seres. Como el Eros del *Banquete*, sólo podemos definirlo mediante negaciones simultáneas y contradictorias. Pero es una fuerza que proporciona a quienes la poseen un increíble poder sobre los seres y las cosas. Lo demónico representa en el universo la dimensión de lo irracional, de lo inexplicable, una especie de magia natural. Este elemento irracional es la fuerza motriz indispensable para cualquier acción, el dinamismo ciego pero inexorable que hay que saber utilizar y a lo cual no

36. J. Hillman: «On Pshychological Creativity», *Eranos*, 35 (1966), p. 380.

37. J.G. Hamann: *Sokratische Denkwürdigkeiuten*, op. cit., pp. 149 ss. Sobre la influencia de esta obra en Goethe, cf. A. Raabe: *Das Erlebnis des Dämonischen in Goethes Denken und Schaffen*, Berlín, 1942, p.30.

38. «War'ich einen Tag und eine Nacht Alzibiades und dann wollt'ich sterben», carta a Herder de julio de 1772. Sobre este tema, cf. A. Raabe: *Das Erlebnis des Dämonischen...*, op. cit., pp. 26-31.

se puede escapar. Goethe dijo del *daimon* del individuo en *Urworte*. «Tienes que ser así, no puedes escapar a ti mismo [...] y no hay tiempo ni poder que fragmenten la forma acuñada que desarrollan al vivir».[39] En Goethe, los seres que más representan ese elemento demónico adoptan los rasgos del Eros del *Banquete*. Como ha señalado A. Raabe, es algo que puede comprobarse en especial en el caso de Mignon.[40] Al igual que Eros, Mignon es una indigente que aspira a la pureza y a la belleza. Sus vesti-

39. «So musst du sein, dir kannst du nicht entfliehen [...] und keine Zeit und keine Macht zerstückelt Geprägte Form die lebend sich entwickelt», C. du Bos: *Goethe*, París, 1949, p. 38 (véase asimismo pp. 28 ss.)

40. A. Raabe: *Das Erlebnis des Dämonischen...*, op. cit., p. 142. La aspiración de Mignon, cf. Goethe: *Wilhelm Meisters Lehrjahre*, VIII, 2 [versión en castellano: *Los años de aprendizaje de Wilhelm Meister*, Madrid, Cátedra, 2019]: «So lasst mich scheinen, bis ich werde / Zieht mir das weisse Kleid nicht aus / Ich eile von der schönen Erde / Hinab in jenes feste Haus / Dort ruh'ich, eine kleine Stille / Dann öffnet sich der frische Blick / Ich lasse dann die reine Hülle / Den Gürtel und den Kranz zurück / Und jene himmlischen Gestalten / Sie fragen nicht nach Mann und Weib / Und keine Kleider, keine Falten / Umgeben den verklärten Leib». Cf. M. Delcourt: «Utrumque-Neutrum», en *Mélanges d'histoire des religions offerts à Henri-Charles Puech*, París, 1974, p. 122: «Mignon, niña robada, desdichada, vestida de niño y detestando su sexo, aparece como un *zwitterhaftes Wesen*. Reconciliada por fin con ella misma, representa el papel de un ángel en una fiesta infantil y canta un *lied* en el que anuncia su muerte inminente: *Ich eile von der schönen Erde*... «Me apresuro a dejar la hermosa Tierra y las formas celestes que la habitan, sin preguntar si uno es hombre o mujer, y ninguna vestimenta, ningún velo enmarcan el cuerpo transfigurado». Sobre la figura de Mignon, cf. W. Emrich: *Die Symbolik von Faust II*, Fráncfort del Meno, 1957, p. 172 y la bibliografía citada en las notas, p. 459.

duras son bastas y miserables, pero sus dotes musicales revelan una riqueza interior. Como Eros, se acuesta en el suelo de tierra o en el umbral de la casa de Wilhelm Meister. Y como Eros, es la proyección, la encarnación de la nostalgia por una vida superior que siente Wilhelm. La Ottilia de las *Afinidades electivas* es también un ser demónico. Se nos presenta como una fuerza natural, potente, extraña, fascinante. Su relación profunda con Eros se indica con más discreción que en el caso de Mignon, pero sigue siendo real. Cabría recordar igualmente la figura hermafrodita del Homúnculo, al que en el segundo acto de *Fausto II* se relaciona claramente con Eros.[41]

Lo demónico, elemento ambiguo, ambivalente e indeciso, no es ni bueno ni malo. Sólo la decisión moral del hombre le dará un valor definitivo. Pero este elemento, irracional e inexplicable, resulta inseparable de la existencia. No se puede eludir el encuentro con lo demónico, el juego peligroso con Eros.

41. Sobre la figura de Ottilia y lo demónico, cf. W.Emrich: *Die Symbolik...*, op. cit., p. 214 (en relación con la noción de Ungeheures). Sobre el hermafrodismo, ibídem, pp. 171-176.

III. DIONISO

Tenemos que volver ahora a este extraño amor-odio que Nietzsche siente por Sócrates. Es verdad que sobre este punto E. Bertram[1] dijo lo esencial, pero tal vez podría entenderse mejor la actitud compleja de Nietzsche si se consideran ciertos elementos menos señalados de la figura de Sócrates en el *Banquete*.

Nietzsche conocía bien la extraña seducción ejercida por Sócrates «ese encantador de ratas –decía–, ese ateniense malicioso y enamoradizo que hacía temblar y sollozar a los jóvenes más pagados de sí mismos».[2] El filósofo alemán buscaba mostrar el mecanismo de esta seducción: «He dado a entender en qué lo que hacía Sócrates podía parecer repulsivo; por eso es aún más necesario explicar su capacidad de fascinación».[3] Nietzsche propone también muchas explicaciones. Sócrates, con su dialéctica, halagó el gusto de la lucha entre los griegos, fue erótico, comprendió el papel histórico que podía desempeñar aportando el remedio de la racionalidad en la decadencia de los instintos. A decir verdad, todas estas explicaciones no tienen nada de fascinante. Pero Nietzsche propone otra más profunda. La seducción ejercida

---

1. E. Bertram: *Nietzsche*, cap. 20 sobre Sócrates. Sin poder entrar en una larga discusión, me parece que la posición de Bertram sobre las relaciones de Nietzsche con Sócrates no ha sido superada por los trabajos más recientes sobre el tema.

2. F. Nietzsche: *Le Gai Savoir*, § 340, ed. NRF, t. V, p. 231. [Versión en castellano: *El gay saber*, Madrid, Espasa, 1986.]

3. F. Nietzsche: *Le Crépuscle des idoles. Le Problème de Socrate*, op. cit., cap. 8 (ed. NRF, t. VIII, p.72)

por Sócrates sobre toda la posteridad provendría de su actitud ante la muerte, más concretamente, del carácter casi voluntario de su muerte. Desde su primera obra *El nacimiento de la tragedia*, Nietzsche reúne en una imagen grandiosa las últimas páginas del *Fedón* y del *Banquete*:[4] «Es Sócrates mismo el que, con toda lucidez, sin el estremecimiento natural que domina al hombre ante la muerte, parece haber logrado una condena a muerte y no al exilio: va hacia la muerte con la misma calma con la que, según describe Platón, abandona el banquete con las primera luces del alba para comenzar una nueva jornada, mientras que, detrás de él, en los bancos y en el suelo, todos los comensales adormecidos se quedan atrás soñando con él, la verdadera Erótica. Sócrates muriendo se convierte en el nuevo ideal, jamás encontrado antes entre la elite de la juventud».

Nietzsche ha presentido y entrevisto en el final del *Banquete* de Platón un símbolo de la muerte de Sócrates. Cierto, las palabras de Platón son muy sencillas:[5] «Sólo Agatón, Aristófanes y Sócrates se mantiene despiertos y beben de una copa que se pasan de izquierda a derecha. Sócrates conversaba con ellos [...] los forzaba progresivamente a reconocer que correspondía al mismo hombre ser capaz de componer comedia y tragedia [...] Fue Aristófanes el primero en dormirse, luego Agatón cuando ya era de día. Sócrates [...] se levantó y se fue. Tomó el camino del Liceo y, después de hacer unas abluciones,

4. F. Nietzsche: *La Naissance de la tragédie*, op. cit., cap. 13, p. 93.

5. Sobre este texto e igualmente sobre el discurso de Alcibíades en el *Banquete*, y de manera más general sobre los diálogos de Platón, véase el admirable libro *Platone comme scritore filosofico. Saggi sull'ermeneutica dei dialoghi platonici*, Nápoles. Istituto Italiano per gli Studi Filosofici, Lezioni della Scuola di Studi Superiori in Napoli 2, 1984.

pasó el resto de la jornada como cualquier otro día».[6] En esta sobria página, los poetas perciben un simbolismo ambiguo. Es la figura de Sócrates muriendo la que entrevé C. F. Meyer en ese alba donde sólo el filósofo se mantiene despierto:

Cuando sus amigos bebían con Sócrates
y ya apoyaban las cabezas en los cojines
llegó un joven, lo recuerdo bien,
con dos esbeltas flautistas.
Vaciamos las últimas gotas de las copas,
los labios callan, exhaustos del diálogo,
se canta entre las coronas marchitas...
Silencio. Suenan las adormecidas flautas de la muerte[7]

En cambio, es la figura del Sócrates enamorado de la vida la que se le aparece a Holderlin:[8]

Pero cada uno tiene su medida.
Grande es el peso del infortunio,
pero aún más grande el de la felicidad.
Hubo un sabio, sin embargo,

---

6. *Banquete*, 223 c.

7. C. F. Meyer: *Gedichte*, IV, *Reise*, *Das Ende des Festes*. «Da mit Sokrates die Freunde tranken / Und die Häupter auf die Polster sanken, / Kam ein Jüngling, kann ich mich entsinnen, / Mit zwei schlanken Flötenbläserinnen / Aus den Kelchen schütten wir die Neigen, / Die gesprächesmüden Lippen schweigen, / Um die welken Kränze zieht ein Singen... / Still! Des Todes Schlummerflöten klingen.»

8. F. Hölderlin: *Der Rhein*. «Nur hat ein jeder sein Mass / Denn schwer ist zu tragen / Das Unglück, aber schwerer das Glück / Ein Weiser aber vermocht es / Vom Mittag bis in die Mitternacht / Und bis der Morgen erglänzte / Beim gastmahl helle zu bleiben».

que supo permanecer lúcido en el banquete
desde el mediodía a la noche cerrada
y hasta las primeras luces del alba.

Y éste es el enigma que plantea Sócrates a Nietzsche. ¿Por qué Sócrates, enamorado de la vida, da la impresión de odiar la existencia insistiendo en su deseo de morir?

Nietzsche conoce y ama al Sócrates enamorado de la vida. «Si todo va bien –escribe en *El caminante y su sombra*–[9] llegarán tiempos en que, para perfeccionarnos en moral y en razón, preferiremos recurrir a los *Memorables* de Sócrates («el libro más atractivo de la literatura griega», dice en los inéditos de julio de 1879) más que a la Biblia, utilizaremos a Montaigne y a Horacio como guías en el camino que lleva a la comprensión del sabio y el mediador más simple e imperecedero de todos, Sócrates. Es a él adonde conducen los caminos de las formas de vida filosófica más diversas [...] Sobre el fundador del cristianismo, la ventaja de Sócrates es la sonrisa que matiza su gravedad y esa sabiduría rebosante de picardía es la del Sócrates danzante que aparece en el *Banquete* de Jenofonte,[10] la de ese Sócrates bromista e irónico que nos muestran los *Diálogos* de Platón, la de ese filósofo amante de la vida del que ha hablado Holderlin en su poema *Sokrates und Alcibiades*.[11]

---

9. F. Nietzsche: *Humain, trop humain. Le Voyageur et son ombre*, §, 86, ed. NRF, t. IIII, p. 200. Cf. FP, julio de 1879, 41 [2], ed. NRF, t. III, 2, p. 397. [Versión en castellano: *El caminante y su sombra*, Arganda del Rey, Edimat, 2000.]

10. Jenofonte: *Banquete*, II, 16.

11. «Warum huldigest du, heiliger Sokrates, / diesem Jünglinge stets? / Kennest du Größeres nicht? / Warum siehet mit Liebe, / wie auf Götter, dein Aug' auf ihn? / Wer das Tiefste gedacht, liebt das Lebendigste, / Hohe Jugend versteht, wer in die Welt geblickt, / und es neigen die Weisen / Oft am Ende zu Schönem sich»

¿Por qué, divino Sócrates, rindes homenaje
a este joven? ¿No conoces nada más grande?
¿Por qué lo contemplas con amor
como se contempla a los dioses?
El pensamiento más profundo ama la vida más viva.
Sólo después de percibir el mundo con sus miradas
[podemos comprender a la noble juventud
y los sabios, a menudo, terminan por adherirse a la
[Belleza.

En *Schopenhauer como educador*,[12] esta figura del Sócrates enamorado de lo más vivo vendrá a tapar la de Schopenhauer. Hablando de la alegría del sabio, recurre a los versos de Holderlin para describirlo en unas líneas extraordinarias: «Nada más alegre ni mejor puede concederse al hombre que acercarse a uno de los victoriosos que por haberse entregado a los pensamientos más profundos aman todavía más la realidad más viva y que hacia el final de su vida son tan sabios que se interesan sobre todo en la belleza [...] Se mueven y viven verdaderamente [...] por eso a su lado nos sentimos por fin humanos y naturales, y querríamos exclamar con Goethe: "¡Qué cosa más deliciosa y magnífica es un ser vivo! ¡Qué bien adaptado a su estado, a su realidad, a su existencia!"»

12. F. Nietzsche: *Considérations inactuelles. Schopenhauer comme éducateur*, § 2 [versión en castellano: *Schopenhauer como educador*, Barcelona, Malpaso, 2023], «Während dem Menschen nichts Fröhlicheres und Besseres zu Theil werden kann, als einem jener Siegreichen nahe zu sein, die, weil sie das Tiefste gedacht, gerade das Lebendigste lieben müssen und als Weise am Ende sich zum Schönen neigen. [...] Sie bewegen sich und leben wirklich [...] Weshalb es uns in ihrer Nähe wirklich einmal menschlich und natürlich zu Muthe ist und wir wie Goethe ausrufen möchten: „Was ist doch ein Lebendiges für ein herrliches köstliches Ding! wie abgemessen zu seinem Zustande, wie wahr, wie seiend! "»

¡Un Sócrates músico! Nietzsche había creído presentir su llegada en *El nacimiento de la tragedia*. Respondiendo a la llamada de las divinidades que, en sus sueños, habían invitado al filósofo a consagrarse a la música, esta figura de Sócrates como músico reconciliaría la lucidez irónica de la conciencia racional y el entusiasmo demónico. Éste sería verdaderamente el «hombre trágico», se dice en los inéditos.[13] En este Sócrates músico, Nietzsche proyecta sus propios sueños, su nostalgia de una reconciliación entre Apolo y Dioniso.

Y en *Sócrates moribundo*, Nietzsche ve reflejarse su propio drama. Sócrates ha querido morir y al morir ha pronunciado estas enigmáticas palabras: «¡Oh, Critón, le debo un gallo a Asclepio!», como si, curado de alguna enfermedad, estuviera en deuda con el dios de la salud.[14] «Últimas palabras grotescas y terribles –exclama Nietzsche–, que significan para cualquiera que quiera oír: Oh Critón, la existencia es una enfermedad. ¡Será posible! ¡Un hombre de su temple [...] un hombre así era pesimista! Se contentó con ponerle buena cara a la vida disimulando y durante toda esa vida había disimulado su auténtico veredicto, sus sentimientos más profundos. ¡Sócrates, Sócrates sufrió la vida! Y al final se vengó de ella con estas palabras misteriosas, terribles, con esa piedad blasfema. Hubiera preferido que permaneciera en silencio hasta sus últimos estertores, ¿quizá entonces habría formado parte de una clase superior de espíritus?»[15]

---

13. F. Nietzsche: *La Naissance de la tragédie*, op. cit., cap. 15. El sueño de Sócrates aquien los dioses le ordenan consagrarse a la música se cuenta en el *Fedón*, 60-61. «Der tragische Mensch als der musiktreibende Sokrates», FP, invierno de 1870-1871/otoño de 1872, 8 [13], ed. NRF, p. 327.

14. *Fedón*, 118 a.

15. F. Nietzsche: *Le Gai Savoir*, op. cit., § 340, ed. NRF, t. v, p. 231, citado por E. Bertram: *Nietzsche*, op.cit., p. 407.

Tal como ha señalado admirablemente E. Bertram, aquí Nietzsche deja entrever su secreto, su propia duda íntima, el drama de su existencia. Él, Nietzsche, que quiso ser portavoz de la alegría de existir y de vivir, ¿no sospecha, no teme también él, que la existencia no es más que una enfermedad? Sócrates traiciona este secreto. Deja entender lo que piensa de la vida terrenal. En cambio, Nietzsche quiere pertenecer a «una clase superior de espíritus», aquellos que saben silenciar este espantoso secreto. Escribe Bertram: «Sus inflamados y dionisíacos ditirambos sobre la vida y nada más que la vida, ¿serían quizá una forma de silenciar que el gran Educador de la vida no creía en la vida?»[16] En un último giro, *El crepúsculo de los ídolos* ofrece una nueva interpretación de las últimas palabras de Sócrates. Esa enfermedad de la cual Sócrates iba a curarse no era en realidad la vida, sino la clase de vida que llevaba Sócrates. De este modo, se murmura a sí mismo: «Sócrates no es médico. Sólo la muerte es un médico. Sócrates no hizo más que permanecer enfermo durante mucho tiempo».[17] Esta vez sería la lucidez socrática, la moral socrática, esa enfermedad que va minando la vida. Pero en tal caso la enfermedad de Sócrates, ¿no será también la enfermedad de Nietzsche, esa lucidez en la que se disuelven los mitos, esa consciencia despiadada? El amor-odio de Nietzsche en relación con Sócrates resulta de hecho idéntico al amor-odio que siente por sí mismo. Y la ambigüedad de la figura de Sócrates, para Nietzsche, ¿no se basa en última instancia en la ambigüedad del personaje central de la mitología nietzscheana, la de Dioniso, el dios de la vida y de la muerte?

De una manera finalmente muy misteriosa para nosotros, Platón, colocó en el *Banquete* toda una constelación

16. E. Bertram: *Nietzsche*, op. cit., p. 408.

17. F. Nietzsche: *Le Crépuscule des idoles. Le Problème de Socrate*, op. cit., cap. 12, ed. NRF, t VIII, p. 74.

de símbolos dionisíacos en torno a la figura de Sócrates.[18] El diálogo podría haberse titulado *El fallo de Dioniso*, puesto que Agatón declara que, con el fin de saber a quién de los dos hay que considerar más sabio, si a él o a Sócrates, habrán de remitirse al fallo de Dioniso; es decir, que quien sea capaz de beber más cantidad y mejor ganará esta competición de *sophia*, de sabiduría y conocimiento, según el signo del dios del vino.[19] Más tarde, Alcibíades, cuando irrumpe en la sala de banquetes, aparece coronado con violetas y hojas de hiedra como Dioniso.[20] Nada más entrar, Alcibíades pone sobre la cabeza de Sócrates una corona de cintas, como acostumbraba a hacerse con los vencedores en los certámenes de poesía.[21] Sin embargo, Dioniso es el dios de la tragedia y de la comedia. Al hacer el elogio de Sócrates, Alcibíades compone lo que Sócrates denomina enseguida «un drama de sátiros y silenos»,[22] pues con esos seres ha comparado a Sócrates. Pero sátiros y silenos componen el cortejo de Dioniso, y el drama satírico originalmente giraba alrededor de la pasión de Dioniso. En la escena final Sócrates se queda solo con Agatón, el poeta trágico, y con Aristófanes, el poeta cómico, obligándolos poco a poco a admitir que por su propia condición al hombre le corresponde ser al mismo tiempo poeta trágico y poeta cómico.[23] No obstante, Agatón había afirmado en su elogio de Eros que el Amor es el más grande de los poetas.[24] Así pues, Sócrates, que sobresale en el terreno de Eros, también sobresale en el de

18. Sobre este tema, cf. Helen H. Bacon: «Socrates Crowned», *The Virginia Quarterly Review*, 35 (1959), 425-430.

19. *Banquete*, 175 e.

20. Ibídem, 212 e. Cf. T. Gould: *Platonic Love*, op. cit., p. 40.

21. Ibídem, 213 e.

22. Ibídem, 222 d.

23. Ibídem, 223 d.

24. Ibídem, 196 e.

Dioniso. Además, es incomparable en su aguante con el vino[25] y gana la competición de sabiduría gracias al «fallo de Dioniso», puesto que es el único que sigue despierto al finalizar el banquete.[26] ¿Hay que reconocer también un rasgo dionisíaco en sus largos éxtasis, en esos embelesos que, en dos ocasiones, menciona el diálogo?[27]

Hay pues en el *Banquete* de Platón, de una manera que parece consciente y pretendida, todo un conjunto de alusiones al carácter dionisíaco de la figura de Sócrates, que culmina en la escena final del diálogo, en la cual Sócrates, el mejor poeta y el mejor bebedor, ha triunfado gracias al fallo de Dioniso.

No es de extrañar, pues, que de forma paradójica y secreta, inconscientemente tal vez, la figura de Sócrates coincida, para Nietzsche, con la de Dioniso. Al final de *Más allá del bien y del mal*, Nietzsche dedica a Dioniso un extraordinario elogio del «genio del corazón»[28] y en *Ecce Homo*,[29] repite el mismo texto para ilustrar su conocimiento psicológico, aunque esta vez no revela a quien se dirige. En este himno resuena en cierto modo un eco del *Veni Sancte Spiritus*, de ese elogio medieval de un Espíritu Santo en el cual, a juicio de Hamann,[30] el demonio de Sócrates estaba presente: «Flecte quod est rigidum, fove quod est frigidum, rege quod est devium». El genio del corazón tiene la maravillosa delicadeza de relajar, enderezar, corregir. En este retrato del director de almas con poder demónico, Nietzsche quería describir la acción

25. *Banquete*, 176 c; 220 a; 223 d.

26. Ibídem, 223 d.

27. Ibídem, 174 d y 220 c.

28. F. Nietzsche: *Par-delà bien et mal*, op. cit., § 295, p. 238, y cf. ed. NRF, t. VII, p. 206.

29. F. Nietzsche: *Ecce Homo. Pourquoi j'écris de si bons livres*, op. cit., § 6, ed. NRF, t. VIII, p. 284.

30. J.G. Haann: *Sokratische Denkwürdigkeiten*, pp. 149 ss.

de Dioniso. No obstante, tal como sospechó E. Bertram,[31] quizá, de manera consciente o no, estaba pensando también en Sócrates mientras pronunciaba este elogio que nos valdrá de conclusión, ya que en él se resumen los diversos temas que han ido surgiendo en esta exposición: «El genio del corazón, tal como lo posee ese gran Misterioso, ese dios-tentador, nacido para ser encantador de ratas y conciencias,[32] cuya voz sabe descender hasta el inframundo de cada alma [...] que no dice una palabra, que no lanza una mirada en la que no se esconda un propósito y una intención secreta de seducir [...] el genio del corazón, que impone silencio a los escandalosos y a los engreídos y les enseña a escuchar, que pule las almas ásperas y les da a probar un nuevo deseo, el de mantenerse lisas e inmóviles como un espejo, para reflejar la inmensidad del cielo [...] Tras su roce, todo el mundo sale enriquecido, no por un presente recibido, sino por la gracia o por la sorpresa, no de una felicidad extraña por la que se sentiría oprimido, sino más rico de sí mismo, renovado ante sus propios ojos [...], acariciado y desnudado por el soplo tibio del deshielo, tal vez más inseguro, más delicado, más frágil, más quebradizo, pero colmado de esperanzas que aún no tienen nombre».

31. E. Bertram: *Nietzsche*, op. cit., p. 413.

32. Cf. el texto citado en p. 46, n. 6.

Esta
edición,
primera, de
Elogio de Sócrates,
se terminó de imprimir
en Madrid en el
mes de octubre
del año
2024

Título original: *Éloge de Socrate*

Este texto fue en primer lugar una conferencia impartida en 1974 en la sesión de Eranos en Ascona (Suiza), bajo el título: *La Figure de Socrate*. Se publicó el mismo año en los *Annales d'Eranos* (vol. 33, 51-90), después formó parte de *Exercices spirituels et philosophie antique*, 3.ª edición revisada y aumentada, París, Institut d'études augustiniennes, 1993.

Gran Via Carles III, 94 - 08028 Barcelona
www.alphadecay.org

Primera edición: octubre de 2024

Serie dirigida
por Arnold I. Davidson
y Enric Cucurella

Preimpresión: Javier Guerrero
Impresión: Estilo Estugraf Impresores

BIC: HPC
ISBN: 978-84-127970-7-7
Depósito legal: B 17.196-2024

COLECCIÓN ALPHA, BET & GIMMEL

1. *La aparición de la sexualidad*
   Arnold I. Davidson
2. *Flashbacks*
   Timothy Leary
3. *De la esencia o del desnudo*
   François Jullien
4. *Plotino o la simplicidad de la mirada*
   Pierre Hadot
5. *La música y lo inefable*
   Vladimir Jankélévitch
6. *La pintura de Manet*
   Michel Foucault
7. *Tratado de los cuatro modos del espíritu*
   Amador Vega
8. *Un manifiesto hacker*
   McKenzie Wark
9. *Viaje de hierba y de lluvia*
   Dominique de Courcelles
10. *De soplo y de espejo*
    Dominique de Courcelles
11. *Fuentes*
    Vladimir Jankélévitch
12. *Alcanzar las nubes*
    Philippe Petit
13. *La gran imagen no tiene forma*
    François Jullien

14. *Cirlot en Vallcarca*
Juan Eduardo Cirlot y Victoria Cirlot

15. *La filosofía como forma de vida*
Pierre Hadot

16. *Goya/Clausewitz. Paradigmas de la guerra absoluta*
Nil Santiáñez

17. *Vivir para contar. Escribir tras Auschwitz*
Primo Levi

18. *La filosofía judía, una guía para la vida*
Hilary Putnam

19. *Pensar en los otros*
Ted Cohen

20. *La ciudadela interior*
Pierre Hadot

21. *Ética sin ontología*
Hilary Putnam

22. *Liszt. Rapsodia e improvisación*
Vladimir Jankélévitch

23. *Religión, razón y espiritualidad*
Arnold I. Davidson

24. *La filosofía pasado el mañana*
Stanley Cavell

25. *Verdad y predicación*
Donald Davidson

26. *El velo de Isis*
Pierre Hadot

27. *Uno*
Graham Priest

28. *Del amor y otros engaños*
José A. Díez y Andrea Iacona

29. *Estudios sobre la cábala en Cataluña*
Moshe Idel

30. *Luces del grial*
Victoria Cirlot

31. *Maimónides, entre la filosofía y la Halajá*
Rabí Joseph B. Soloveitchik

32. *Ensayos sobre filosofía del tiempo*
Arthur N. Prior

33. *El espíritu de resistencia*
Vladimir Jankélévitch

34. *Del mal y sus signaturas*
Nil Santiáñez

35. *Ariadna abandonada*
Victoria Cirlot

36. *Historia de un nigún*
Elie Wiesel

37. *La filosofía como educación de los adultos*
Pierre Hadot

38. *Reflexiones sobre la filosofía del hitlerismo*
Emmanuel Levinas

39. *Interrogatorio de la máscara*
Jean Starobinski

40. *Elogio de Sócrates*
Pierre Hadot